學校 - sekolah 2
旅行 - berjalan 5
交通運送 - pengangkutan 8
城市 - bandar 10
地形 - landskap 14
餐館 - restoran 17
超市 - pasar raya 20
飲料 - minuman 22
食物 - makanan 23
農場 - ladang 27
房子 - rumah 31
客廳 - ruang tamu 33
廚房 - dapur 35
浴室 - bilik air 38
兒童房 - bilik kanak-kanak 42
衣服 - pakaian 44
辦公室 - pejabat 49
經濟 - ekonomi 51
職業 - pekerjaan 53
工具 - alat 56
樂器 - alat muzik 57
動物園 - zoo 59
體育 - sukan 62
活動 - aktiviti 63
家 - keluarga 67
身體 - badan 68
醫院 - hospital 72
緊急情形 - kecemasan 76
地球 - bumi 77
鐘錶 - jam 79
週 - minggu 80
年 - tahun 81
形狀 - bentuk 83
顏色 - warna 84
反義詞 - berlawanan 85
數字 - nombor 88
語言 - bahasa-bahasa 90
誰/什麼/如何 - siapa / apa / bagaimana 91
方位 - di mana 92

Impressum
Verlag: BABADADA GmbH, Nedderfeld 112 , 22529 Hamburg
Geschäftsführer / Verlagsleitung: Harald Hof
Druck: Books on Demand GmbH, In de Tarpen 42, 22848 Norderstedt

Imprint
Publisher: BABADADA GmbH, Nedderfeld 112 , 22529 Hamburg, Germany
Managing Director / Publishing direction: Harald Hof
Print: Books on Demand GmbH, In de Tarpen 42, 22848 Norderstedt

學校

sekolah

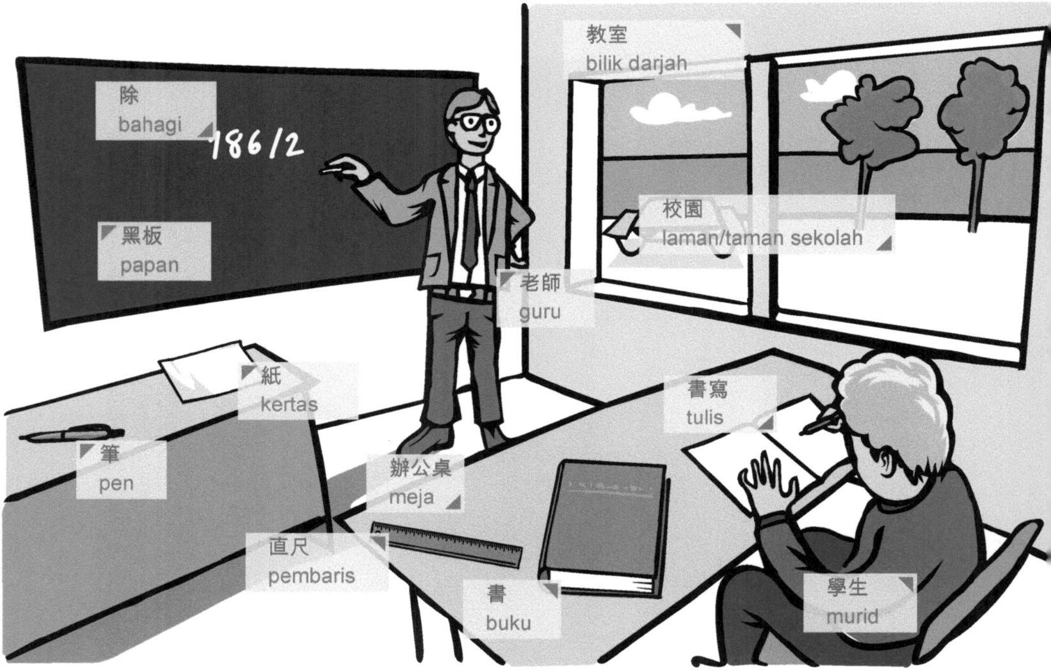

教室
bilik darjah
除
bahagi
186/2
黑板
papan
校園
laman/taman sekolah
老師
guru
紙
kertas
書寫
tulis
筆
pen
辦公桌
meja
直尺
pembaris
書
buku
學生
murid

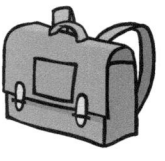

書包

beg galas

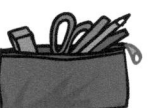

鉛筆盒

kotak pensel

鉛筆

pensel

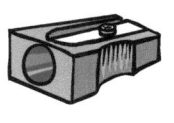

削鉛筆機

pengasah pensel

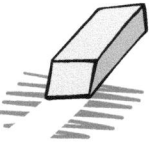

橡皮擦

pemadam

畫板

kertas lukisan

圖畫
melukis

畫筆
berus lukis

顏料盒
kotak warna

剪刀
gunting

膠水
gam

練習冊
buku latihan

家庭作業
kerja rumah

數字
nombor

加
tambah

減
tolak

乘
darab

計算
kira

字母
huruf

字母表
abjad

字
kata

課文

teks

讀

baca

粉筆

kapur

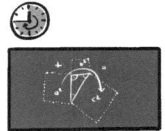

上課

pelajaran

登記

daftar

考試

peperiksaan

證書

sijil

校服

uniform sekolah

教育

pendidikan

百科全書

ensiklopedia

大學

universiti

顯微鏡

mikroskop

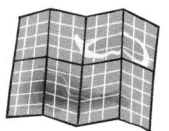

地圖

peta

廢紙簍

bakul sampah

旅行

berjalan

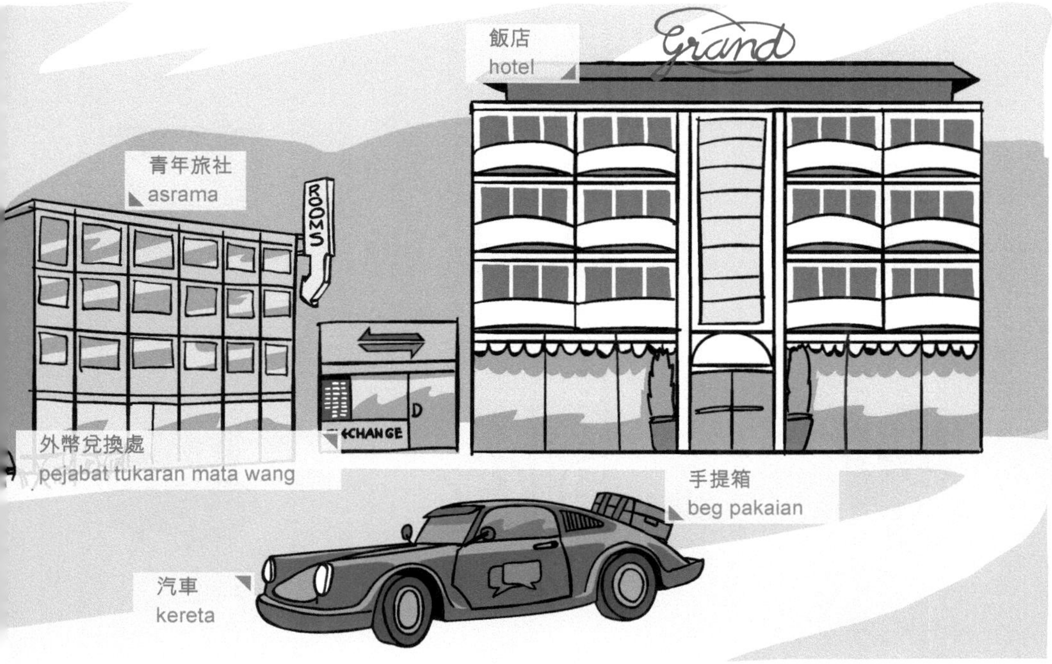
飯店
hotel
Grand
青年旅社
asrama
ROOMS
外幣兌換處
pejabat tukaran mata wang
手提箱
beg pakaian
汽車
kereta

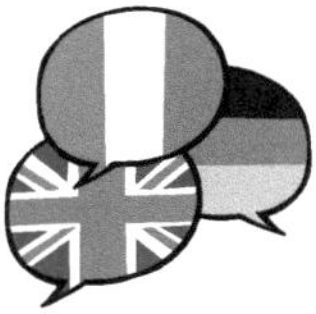

語言

bahasa

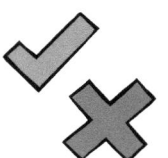

是/否

ya / tidak

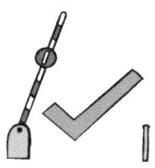

好的

okey

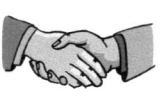

您好

helo

翻譯人員

penterjemah

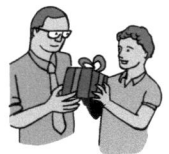

謝謝

Terima kasih

……多少錢？

berapa banyak…?

我不明白

saya tidak faham

問題

masalah

晚上好！

Selamat petang!

早上好！

Selamat Pagi!

晚安！

Selamat Malam!

再見

selamat tinggal

方向

arah

行李

bagasi

包

beg

背包

beg galas

客人

tetamu

房間

bilik tidur

睡袋

beg tidur

帳篷

khemah

旅行資訊

maklumat pelancong

海灘

pantai

信用卡

kad kredit

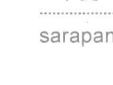

早餐

sarapan

午餐

makan tengah hari

晚餐

makan malam

票

tiket

電梯

lif

郵票

setem

邊界

sempadan

海關

kastam

大使館

kedutaan

簽證

visa

護照

pasport

交通運送

pengangkutan

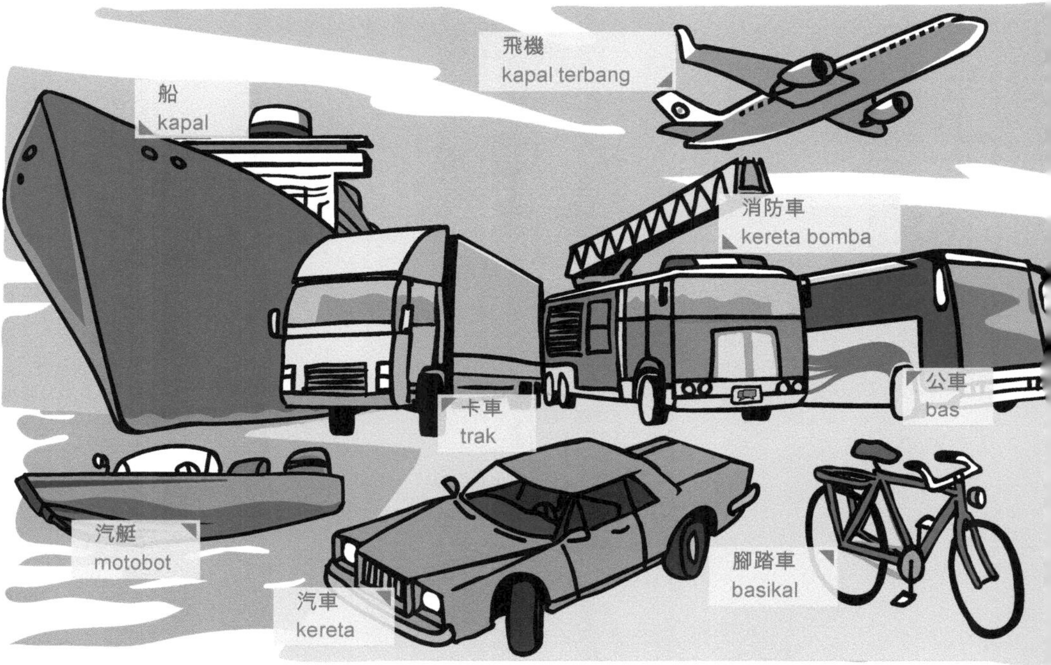

飛機
kapal terbang
船
kapal
消防車
kereta bomba
公車
bas
卡車
trak
汽艇
motobot
腳踏車
basikal
汽車
kereta

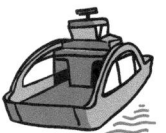

渡輪

feri

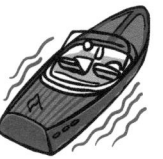

小船

bot

機車

motosikal

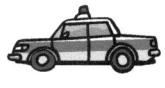

警車

kereta polis

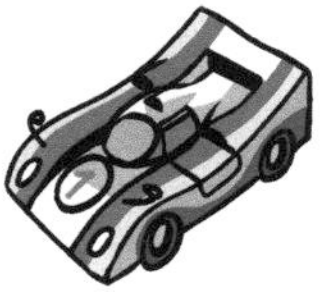

賽車

kereta lumba

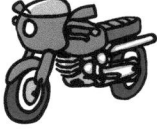

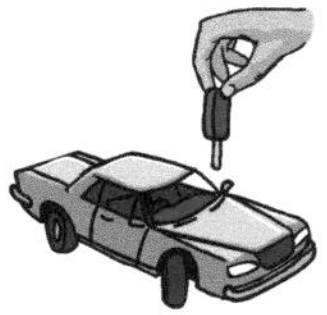

租車

kereta sewa

拼車
berkongsi kereta

拖車
trak tunda

垃圾車
trak menolak

馬達
motor

汽油
bahan api

加油站
stesen minyak

交通標識
tanda trafik

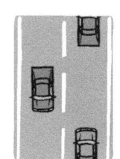

交通
trafik

交通堵塞
kesesakan lalu lintas

停車場
tempat parkir

火車站
stesen kereta api

軌道
trek

火車
kereta api

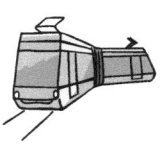

路面電車
trem

客車廂
gerabak

直升機
helikopter

機場
lapangan terbang

塔
Menara

乘客
penumpang

集裝箱
bekas

紙板箱
kadbod

手推車
kart

籃子
bakul

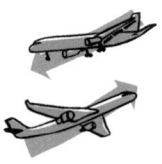

起飛/降落
berlepas / mendarat

城市

bandar

村莊
kampung

市中心
pusat bandar

房子
rumah

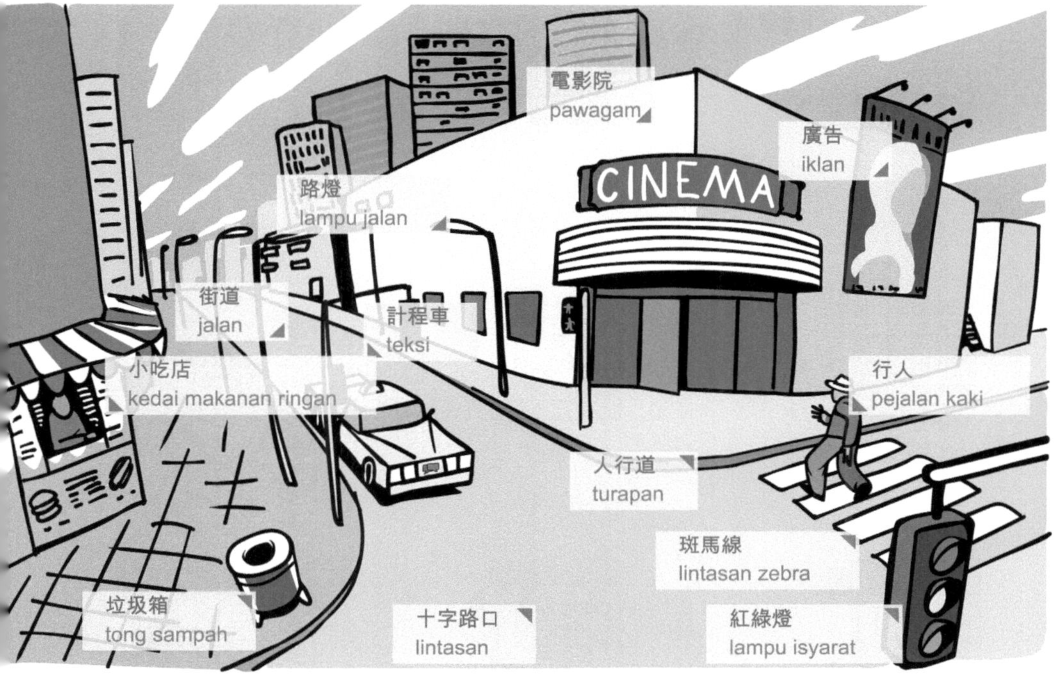

電影院
pawagam
CINEMA
廣告
iklan
路燈
lampu jalan
街道
jalan
計程車
teksi
小吃店
kedai makanan ringan
行人
pejalan kaki
人行道
turapan
斑馬線
lintasan zebra
垃圾箱
tong sampah
十字路口
lintasan
紅綠燈
lampu isyarat

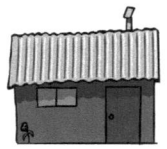

小屋

pondok

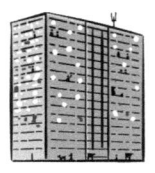

公寓

flat

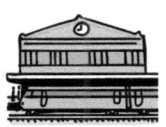

火車站

stesen kereta api

市政廳

dewan bandar

MUSEUM

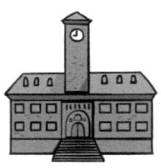

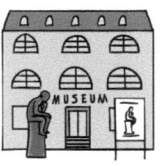

博物館

muzium

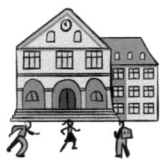

學校

sekolah

大學
universiti

銀行
bank

醫院
hospital

飯店
hotel

藥房
farmasi

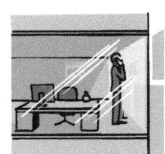

辦公室
pejabat

書店
kedai buku

商店
kedai

花店
kedai bunga

超市
pasar raya

市場
pasaran

百貨商店
gedung

魚店
penjual ikan

購物中心
pusat membeli-belah

海港
pelabuhan

公園
taman

長凳
bangku

橋
jambatan

樓梯
tangga

捷運
bawah tanah

隧道
terowong

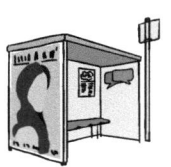

公車站
hentian bas

酒吧
bar

餐館
restoran

郵筒
peti surat

路標
papan tanda jalan

停車計時器
meter parkir

動物園
zoo

游泳池
kolam renang

清真寺
masjid

農場

ladang

污染

pencemaran

墓地

tanah perkuburan

教堂

gereja

操場

taman permainan

寺廟

kuil

地形
landskap

樹葉
daun

指示牌
tiang tanda

路
jalan

草地
padang rumput

石頭
batu

樹
pokok

徒步旅行者
pejalan kaki

河
sungai

草
rumput

花
bunga

峽谷

lembah

丘陵

bukit

湖

tasik

森林

hutan

沙漠

padang pasir

火山

gunung berapi

城堡

istana

彩虹

pelangi

蘑菇

cendawan

棕櫚樹

pokok kelapa sawit

蚊子

nyamuk

蒼蠅

terbang

螞蟻

semut

蜜蜂

lebah

蜘蛛

labah-labah

甲蟲

kumbang

青蛙

katak

松鼠

tupai

刺蝟

landak

野兔

arnab

貓頭鷹

burung hantu

鳥

burung

天鵝

angsa

野豬

babi jantan

鹿

rusa

麋鹿

moose

水壩

empangan

風力發電機

turbin angin

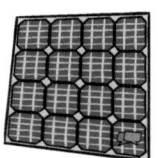

太陽能電池板

panel solar

氣候

iklim

服務生
pelayan

菜譜
menu

椅子
kerusi

湯
sup

披薩餅
piza

餐具
kutleri

桌布
alas meja

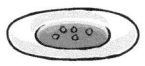

前菜

pemula

主菜

hidangan utama

甜點

pencuci mulut

飲料

minuman

食物

makanan

瓶子

botol

速食

makanan segera

街邊小吃

makanan jalanan

茶壺

teko

糖盒

mangkuk gula

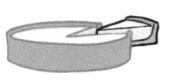

一份飯菜

bahagian

義式咖啡機

mesin espreso

高腳椅

kerusi tinggi

帳單

bil

托盤

dulang

刀

pisau

餐叉

garfu

勺子

sudu

茶匙

sudu teh

餐巾

serviette

玻璃杯

gelas

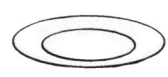

碟子

pinggan

湯盤

mangkuk sup

碟子

piring

醬

sos

鹽瓶

tempat garam

胡椒研磨罐

pengisar lada

醋

cuka

食用油

minyak

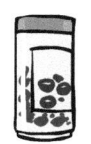

調味料

rempah

番茄醬

sos

芥末

mustard

美乃滋

mayones

超市

pasar raya

特價
tawaran istimewa
FOR
顧客
pelanggan
乳製品
tenusu
水果
buah-buahan
購物車
troli

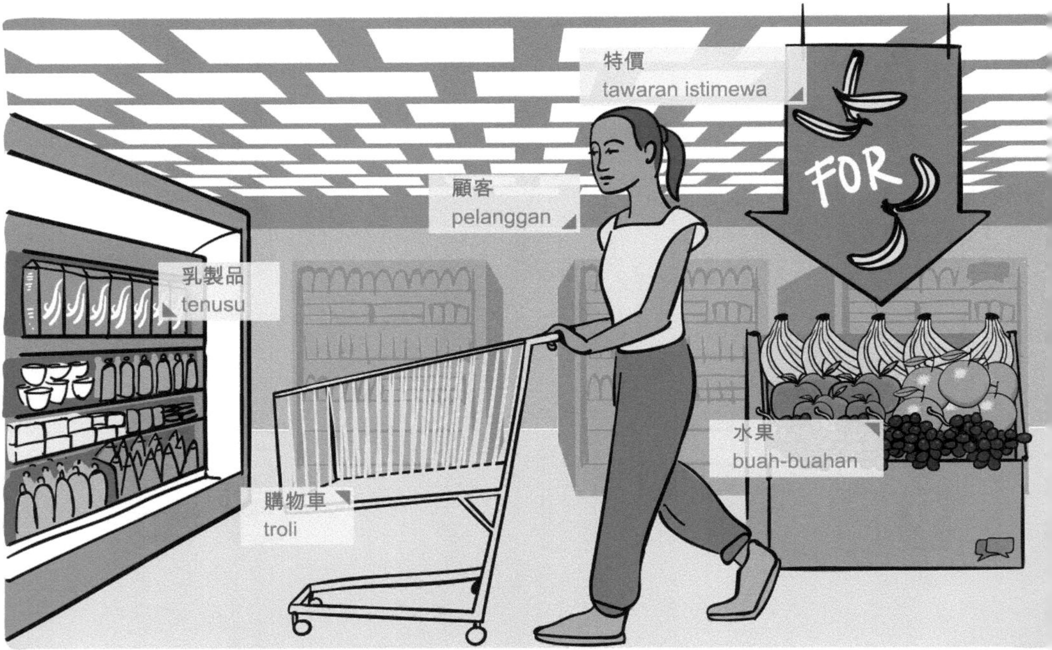

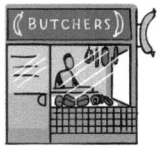

BUTCHERS

肉鋪

tukang daging

BAKERY

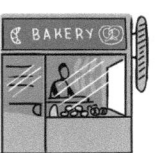

麵包店

kedai roti

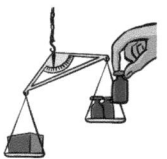

稱重

berat

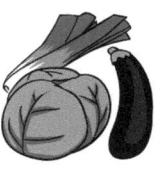

蔬菜

sayur-sayuran

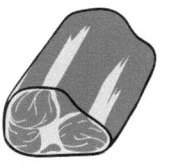

肉

daging

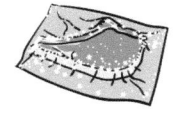

冷凍食品

makanan sejuk beku

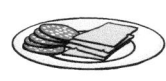

冷盤
daging sejuk

罐頭食品
makanan dalam tin

洗衣粉
serbuk pencuci

甜食
gula-gula

日用品
produk isi rumah

清潔用品
produk pembersihan

銷售員
orang jualan

收銀機
daftar tunai

收銀員
juruwang

購物清單
senarai membeli-belah

開放時間
waktu pembukaan

錢包
beg duit

信用卡
kad kredit

袋子
beg

塑膠袋
beg plastik

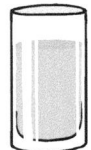

水

air

果汁

jus

牛奶

susu

可樂

kola

紅酒

wain

啤酒

bir

酒

alkohol

可可

koko

茶

the

咖啡

kopi

義式濃縮咖啡

espreso

卡布奇諾

kapucino

香蕉

pisang

蘋果

epal

柳丁

oren

西瓜

tembikai

檸檬

lemon

胡蘿蔔

lobak merah

大蒜

bawang putih

竹子

buluh

洋蔥

bawang

蘑菇

cendawan

堅果

kacang

麵條

mi

義大利麵

spageti

米飯

nasi

沙拉

salad

薯條

kerepek

炸馬鈴薯

kentang goreng

披薩餅

piza

漢堡

hamburger

三明治

sandwic

炸豬排

kutlet

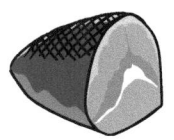

火腿

ham

義大利臘腸

salami

香腸

sosej

雞肉

ayam

烤肉

panggang

魚

ikan

燕麥片

bubur oat

木斯里

muesli

玉米片

emping jagung

麵粉

tepung

牛角麵包

kroisan

麵包捲

roti roll

麵包

roti

吐司

roti bakar

餅乾

biskut

奶油

mentega

凝乳

dadih

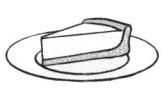

蛋糕

kek

蛋

telur

煎蛋

telur goreng

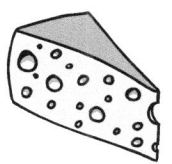

起司

keju

冰淇淋

ais krim

糖

gula

蜂蜜

madu

果醬

jem

巧克力醬

krim nougat

咖哩

kari

農場
ladang

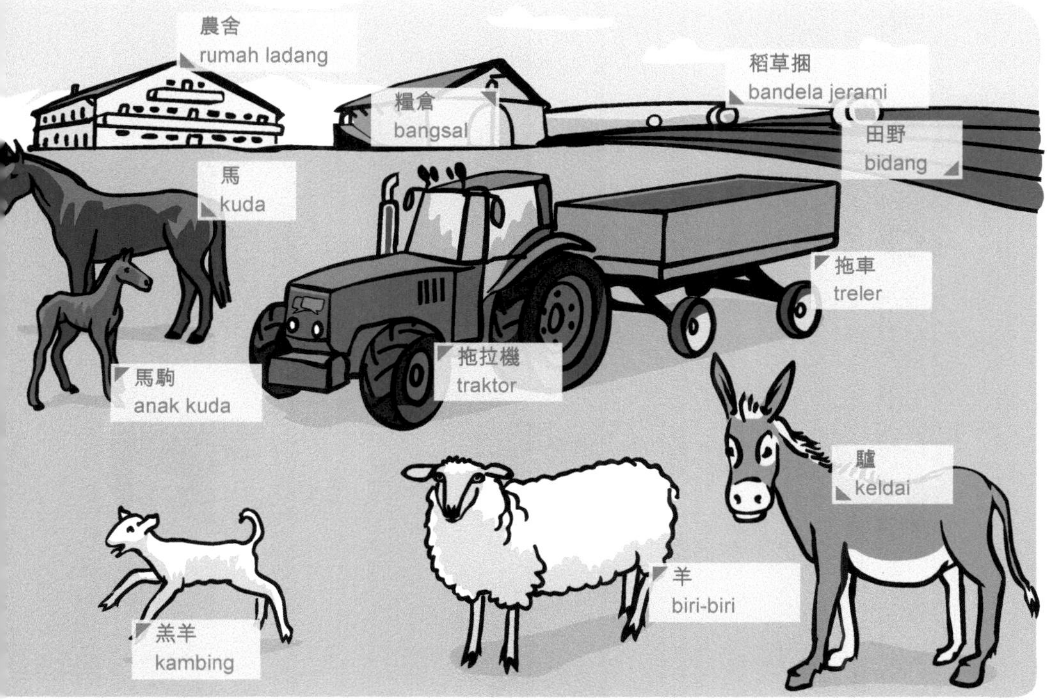
農舍
rumah ladang
稻草捆
bandela jerami
糧倉
bangsal
田野
bidang
馬
kuda
拖車
treler
拖拉機
traktor
馬駒
anak kuda
驢
keldai
羊
biri-biri
羔羊
kambing

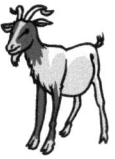

山羊
kambing

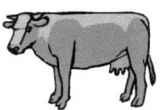

奶牛
lembu

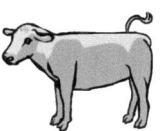

小牛
anak lembu

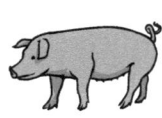

豬
babi

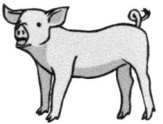

小豬
anak babi

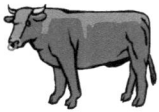

公牛
lembu

鵝
angsa

鴨
itik

小雞
anak ayam

母雞
ayam betina

公雞
ayam jantan muda

鼠
tikus

貓
kucing

老鼠
tikus

牛
lembu jantan

狗
anjing

狗屋
rumah anjing

花園澆水軟管
hos taman

澆水壺
bekas siraman

長柄大鐮刀
sabit

犁
bajak

鐮刀

sabit

鋤頭

cangkul

長柄草耙

serampang peladang

斧頭

kapak

獨輪手推車

kereta sorong

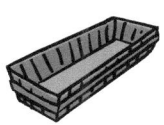

飼料槽

palung

牛奶罐

tin susu

麻布袋

karung

柵欄

pagar

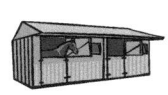

馬廄

stabil

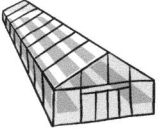

溫室

rumah hijau

土壤

tanah

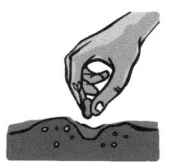

種子

benih

肥料

baja

聯合收割機

jentuai

收割
tuai

收割
menuai

地瓜
keladi

小麥
gandum

大豆
soya

土豆
kentang

玉米
jagung

油菜籽
biji sawi

果樹
pokok buah-buahan

樹薯
ubi kayu

穀物
bijirin

房子
rumah

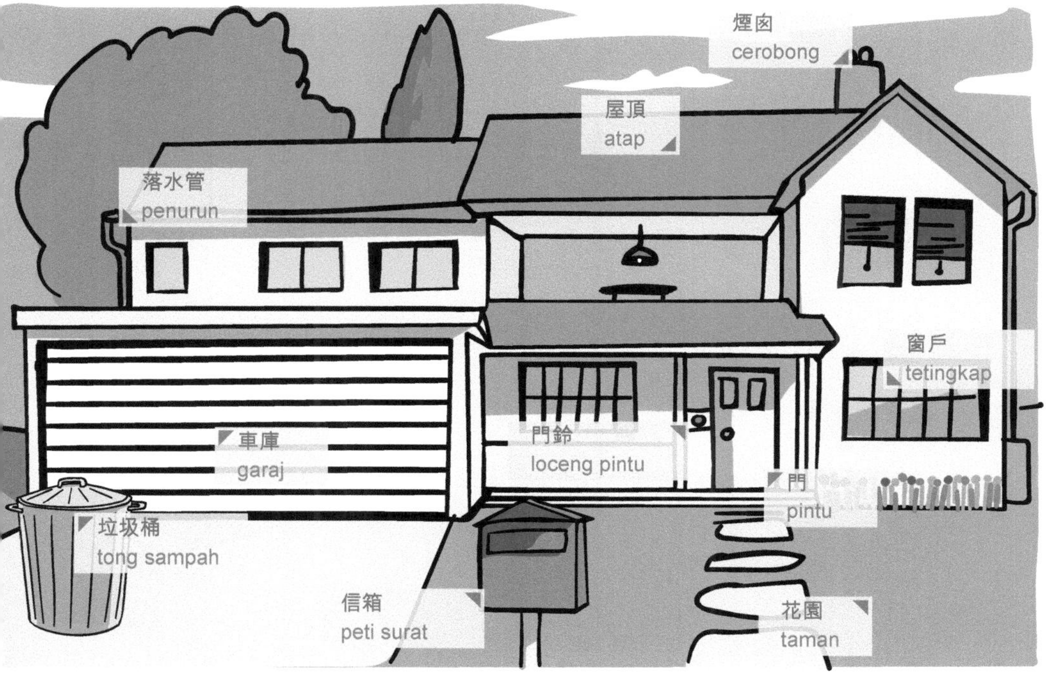

煙囪
cerobong
屋頂
atap
落水管
penurun
窗戶
tetingkap
車庫
garaj
門鈴
loceng pintu
門
pintu
垃圾桶
tong sampah
信箱
peti surat
花園
taman

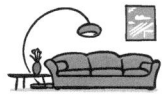

客廳

ruang tamu

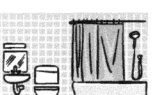

浴室

bilik air

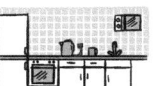

廚房

dapur

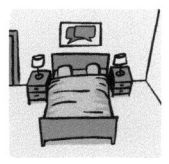

臥室

bilik tidur

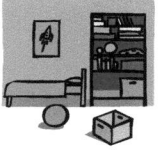

兒童房

bilik kanak-kanak

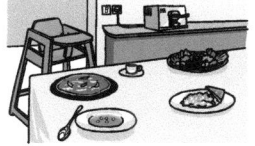

餐廳

ruang makan

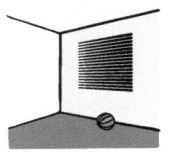

地板
lantai

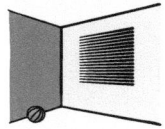

牆壁
dinding

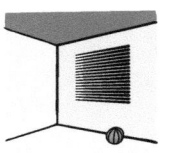

天花板
siling

地窖
bilik bawah tanah

三溫暖
sauna

陽臺
balkoni

露臺
teres

游泳池
kolam renang

割草機
pemotong rumput

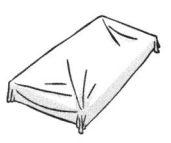

被單
lembaran

床罩
penutup tilam

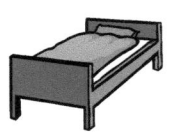

床
katil

掃帚
penyapu

水桶
timba

開關
suis

客廳

ruang tamu

壁紙
kertas dinding
相片
gambar
檯燈
lampu
擱架
rak
櫥櫃
kabinet
電視
televisyen
壁爐
pendiangan
花
bunga
墊子
kusyen
沙發
sofa
花瓶
pasu
遙控器
alat kawalan jauh

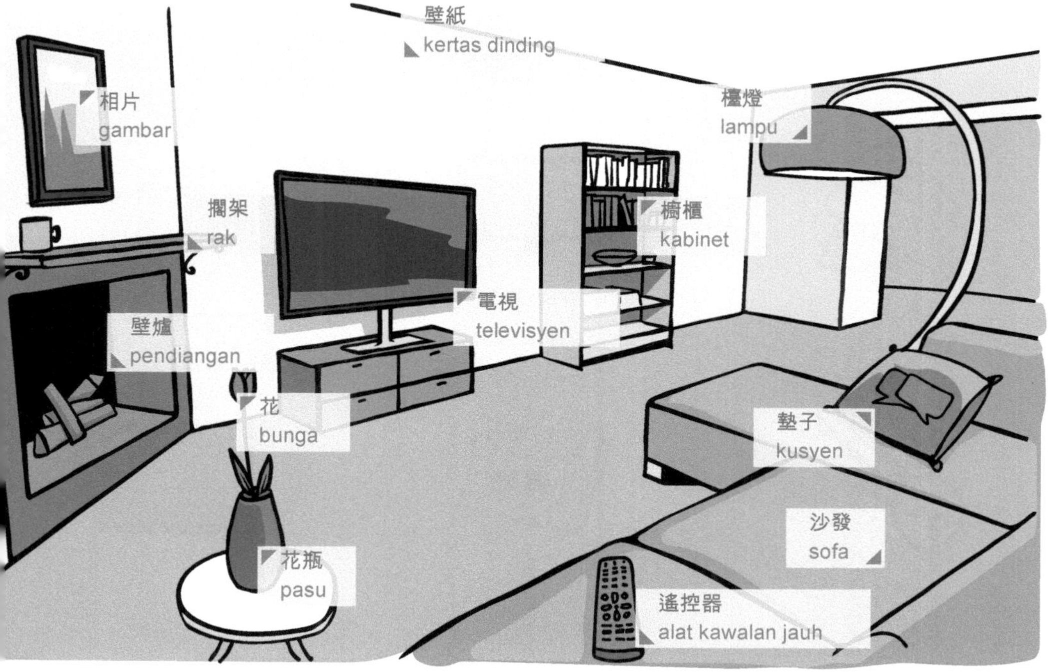

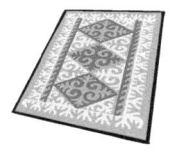

地毯

permaidani

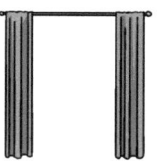

窗簾

tirai

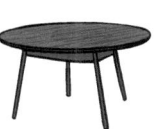

餐桌

meja

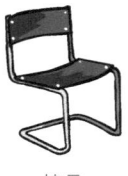

椅子

kerusi

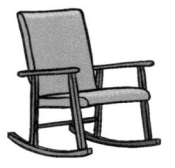

搖椅

kerusi malas

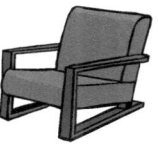

扶手椅

kerusi

書
buku

毯子
selimut

裝飾品
hiasan

木柴
kayu api

電影
filem

高傳真音響
hi-fi

鑰匙
kunci

報紙
akhbar

油畫
lukisan

海報
poster

收音機
radio

筆記本
buku catatan

吸塵器
penyedut habuk

仙人掌
kaktus

蠟燭
lilin

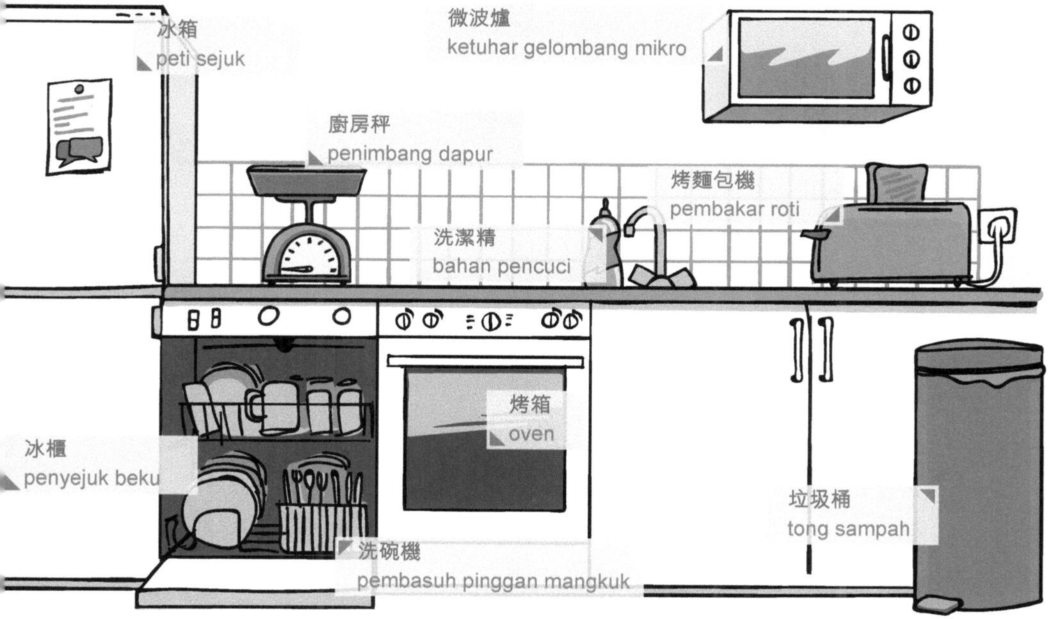

冰箱
peti sejuk

微波爐
ketuhar gelombang mikro

廚房秤
penimbang dapur

烤麵包機
pembakar roti

洗潔精
bahan pencuci

冰櫃
penyejuk beku

烤箱
oven

垃圾桶
tong sampah

洗碗機
pembasuh pinggan mangkuk

炊具

periuk dapur

鍋

periuk

鑄鐵鍋

periuk besi

炒鍋

kuali

平底鍋

pan

水壺

cerek

蒸鍋

pengukus

烤盤

dulang pembakar

陶瓷鍋

pinggan mangkuk

馬克杯

koleh

碗

mangkuk

筷子

penyepit

長柄勺

senduk

鏟子

spatula

攪拌器

pengadun

濾網

penapis

篩子

ayak

磨碎機

pemarut

研缽

mortar

燒烤

barbeku

明火

pembakaran terbuka

菜板

papan pencincang

擀麵杖

pin golekan

開瓶器

skru gabus

罐子

tin

開罐器

pembuka tin

隔熱手套

pemegang periuk

水槽

sinki

刷子

berus

海綿

span

攪拌機

pengisar

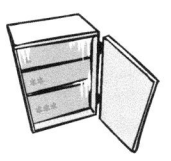

冷藏箱

penyejuk beku

奶瓶

botol bayi

水龍頭

paip

浴室
bilik air

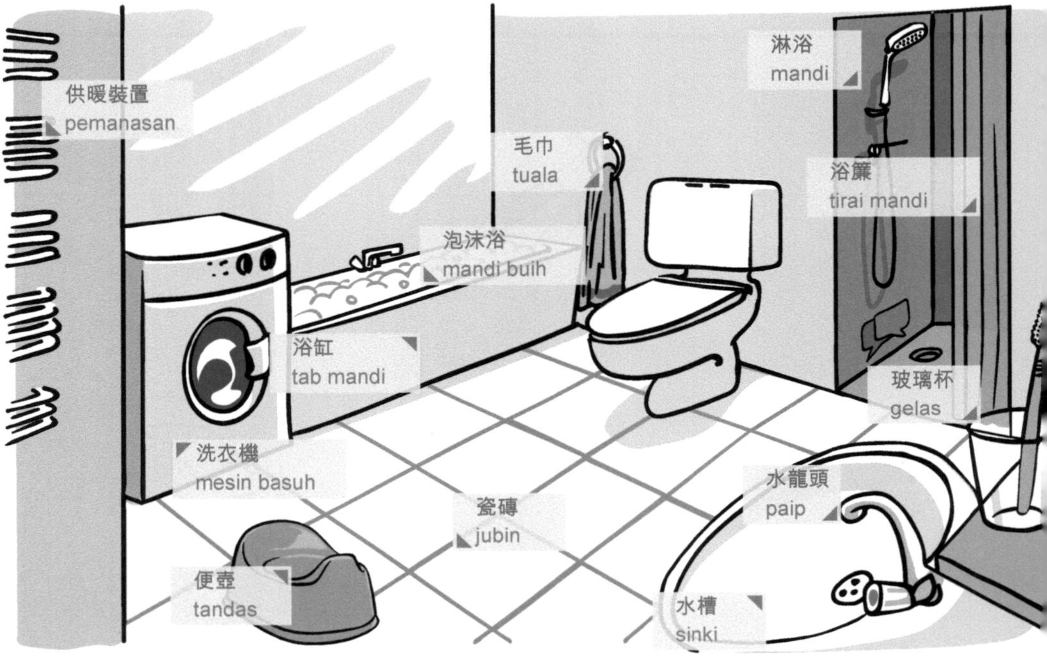

供暖裝置
pemanasan

淋浴
mandi

毛巾
tuala

浴簾
tirai mandi

泡沫浴
mandi buih

浴缸
tab mandi

玻璃杯
gelas

洗衣機
mesin basuh

瓷磚
jubin

水龍頭
paip

便壺
tandas

水槽
sinki

廁所

tandas

蹲便器

tandas mencangkung

坐浴器

mangkuk tandas

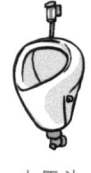

小便斗

tandas awam

廁紙

kertas tandas

馬桶刷

berus tandas

牙刷

berus gigi

牙膏

ubat gigi

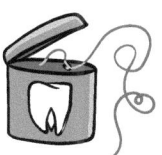

牙線

flos gigi

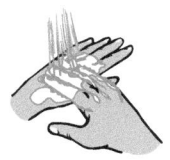

洗

cuci

手持式蓮蓬頭

mandian tangan

沖洗器

pancuran

洗臉盆

besen

洗背刷

belakang berus

肥皂

sabun

沐浴露

gel mandian

洗髮乳

syampu

法蘭絨

flanel

排水

longkang

乳霜

krim

除臭劑

deodoran

鏡子

cermin

手鏡

cermin tangan

刮鬍刀

pisau cukur

刮鬍泡沫

busa cukur

鬍後水

selepas cukur

梳子

sikat

刷子

berus

吹風機

pengering rambut

噴髮定型劑

semburan rambut

化妝品

mekap

唇膏

gincu

指甲油

varnis kuku

化妝棉

bulu kapas

指甲剪

gunting kuku

香水

pewangi

洗漱包

beg basuhan

凳子

bangku

計重秤

skala berat

浴袍

jubah mandi

橡膠手套

sarung tangan getah

衛生棉條

kapas

衛生棉

tuala wanita

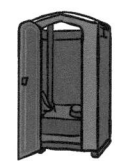

化學廁所

tandas kimia

兒童房

bilik kanak-kanak

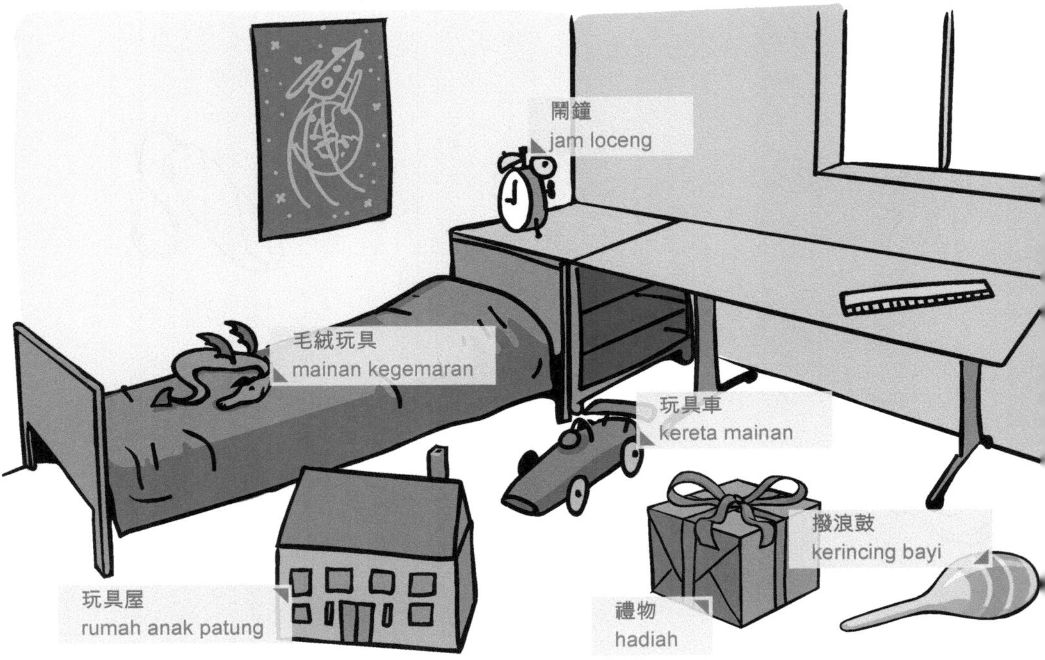

鬧鐘
jam loceng
毛絨玩具
mainan kegemaran
玩具車
kereta mainan
撥浪鼓
kerincing bayi
玩具屋
rumah anak patung
禮物
hadiah

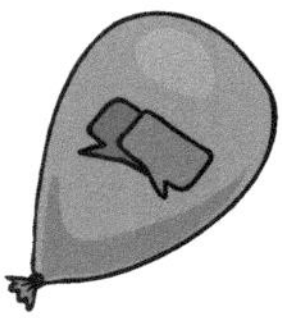

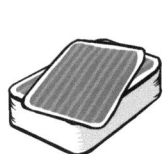

氣球

belon

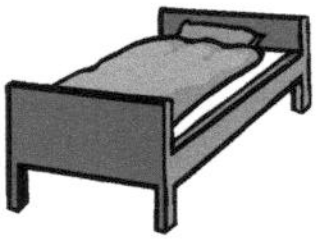

床

katil

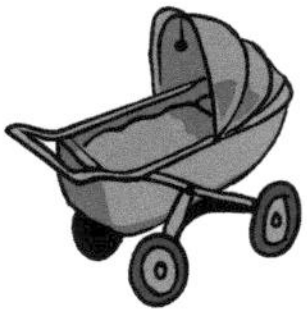

嬰兒車

kereta sorong bayi

撲克牌

set kad

拼圖

susun suai gambar

SUPER MEGA

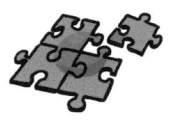

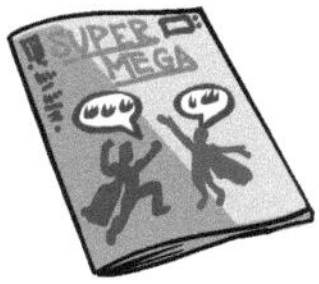

漫畫

komik

樂高積木

batu bata lego

積木玩具

blok mainan

公仔

figura aksi

嬰兒服

baju bayi

飛盤

frisbee

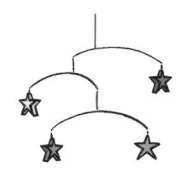

床鈴玩具

mainan bayi mudah alih

棋盤遊戲

permainan papan

骰子

dadu

火車模型

set model kereta api

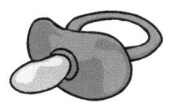

安撫奶嘴

palsu

派對

parti

繪本

buku bergambar

球

bola

洋娃娃

anak patung

玩

main

沙坑

lubang pasir

鞦韆

buai

玩具

mainan

電玩遊戲

konsol permainan video

三輪車

basikal roda tiga

泰迪熊

anak patung beruang

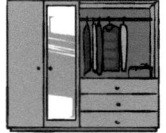

衣櫃

almari pakaian

衣服

pakaian

襪子

stoking

長襪

stoking

緊身褲

ketat

圍巾
skarf

雨傘
payung

T恤
kemeja-t

keselamatan

靴子
but

拖鞋
selipar

運動鞋
kasut sukan

涼鞋
sandal

鞋
kasut

雨靴
but getah

內褲
seluar dalam

胸罩
coli

背心
ves

身體

badan

褲子

Seluar panjang

牛仔褲

jean

短裙

skirt

女式襯衫

blaus

襯衫

kemeja

套頭衫

baju panas sarung

連帽上衣

sweater

西裝夾克

blazer

夾克

jaket

外套

kot

雨衣

baju hujan

套裝

kostum

連衣裙

pakaian

婚紗

baju pengantin

西裝
sut

睡袍
baju tidur

睡衣
baju tidur

莎麗
sari

頭巾
skarf kepala

包頭巾
serban

波卡
burqa

卡夫坦
kaftan

(阿拉伯式)長袍
abaya/jubah

泳衣
baju renang

男式泳褲
seluar renang

短褲
seluar pendek

運動服
sut balapan

圍裙
apron

手套
sarung tangan

鈕扣

butang

眼鏡

cermin mata

手鏈

gelang tangan

項鍊

rantai leher

戒指

cincin

耳環

subang

便帽

topi

衣架

penyangkut kot

帽子

topi

領帶

tali leher

拉鍊

zip

安全帽

topi keledar

背帶

pendakap

校服

uniform sekolah

制服

seragam

圍兜

lapik dada

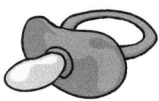

安撫奶嘴

palsu

尿布

lampin

辦公室

pejabat

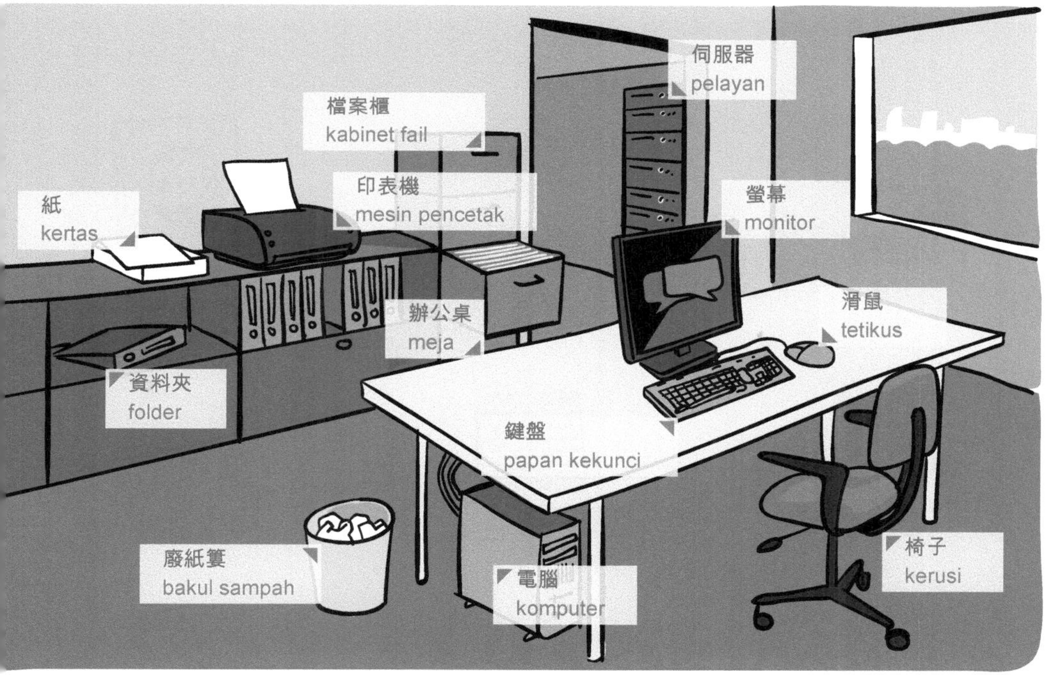

伺服器
pelayan

檔案櫃
kabinet fail

印表機
mesin pencetak

螢幕
monitor

紙
kertas

辦公桌
meja

滑鼠
tetikus

資料夾
folder

鍵盤
papan kekunci

廢紙簍
bakul sampah

電腦
komputer

椅子
kerusi

咖啡杯

cawan kopi

計算機

kalkulator

網際網路

internet

筆記型電腦

komputer riba

信件

surat

簡訊

mesej

行動電話

mudah alih

網路

rangkaian

影印機

mesin fotokopi

軟體

perisian

電話

telefon

插座

soket plag

傳真機

mesin faks

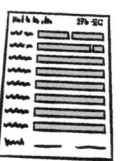

表格

bentuk

檔案

dokumen

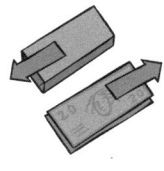

買
beli

付錢
bayar

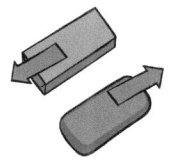

交易
berdagang

現金
wang

美元
dolar

歐元
euro

日元
yen

盧布
rubel

瑞士法郎
franc swiss

人民幣
renminbi yuan

盧比
rupee

提款處
mata tunai

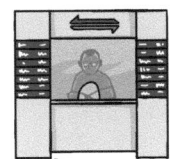

外幣兌換處

pejabat tukaran mata wang

金

emas

銀

perak

石油

minyak

能源

tenaga

價格

harga

合約

kontrak

稅金

cukai

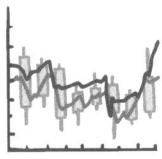

股票

stok

工作

kerja

職員

pekerja

老闆

majikan

工廠

kilang

商店

kedai

職業

pekerjaan

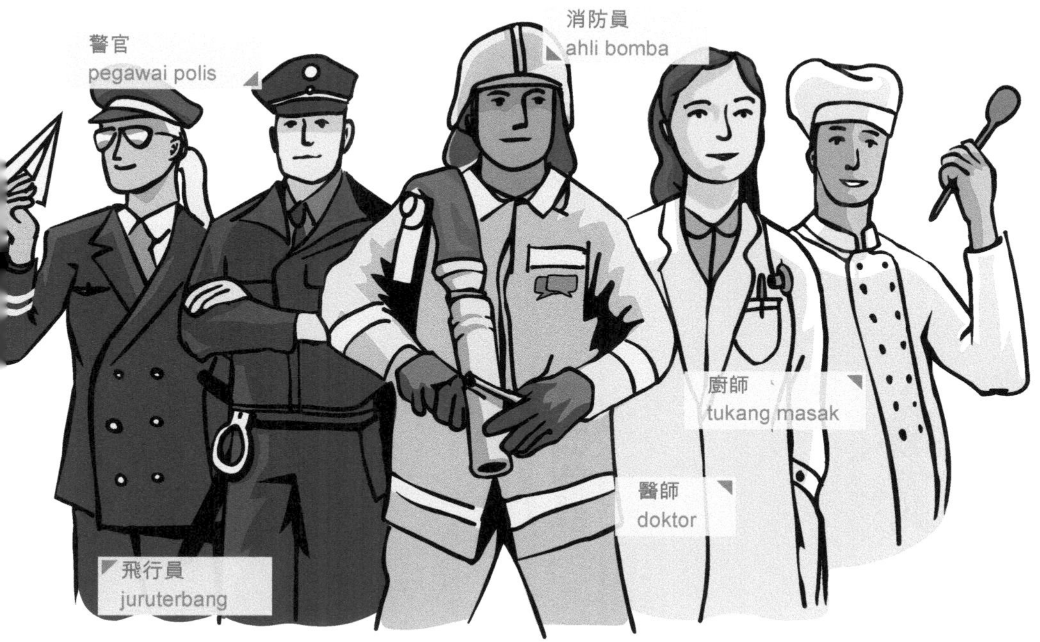
消防員
ahli bomba
警官
pegawai polis
廚師
tukang masak
醫師
doktor
飛行員
juruterbang

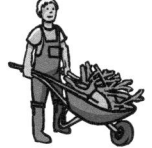

園丁

tukang kebun

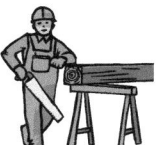

木匠

tukang kayu

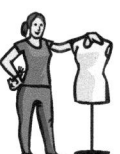

裁縫

tukang jahit

法官

hakim

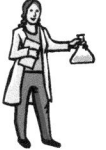

化學家

ahli kimia

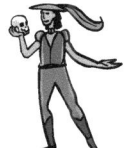

演員

pelakon

公車司機

pemandu bas

計程車司機

pemandu teksi

漁夫

nelayan

清洗女工

wanita pencuci

屋頂工

kasau

服務生

pelayan

獵人

pemburu

畫家

pelukis

麵包師

bakeri

電工

juruelektrik

建築工人

pembangun

工程師

jurutera

屠夫

penjual daging

水管工

tukang paip

郵差

posmen

士兵
askar

建築師
arkitek

收銀員
juruwang

花農
kedai bunga

理髮師
pendandan rambut

售票員
konduktor

機械技師
mekanik

船長
kapten

牙醫
doktor gigi

科學家
ahli sains

拉比
tuhanku

伊瑪目
imam

和尚
sami

牧師
paderi

工具
alat

鐵錘
tukul
鉗子
playar
螺絲起子
pemutar skru
扳手
sepana
手電筒
obor

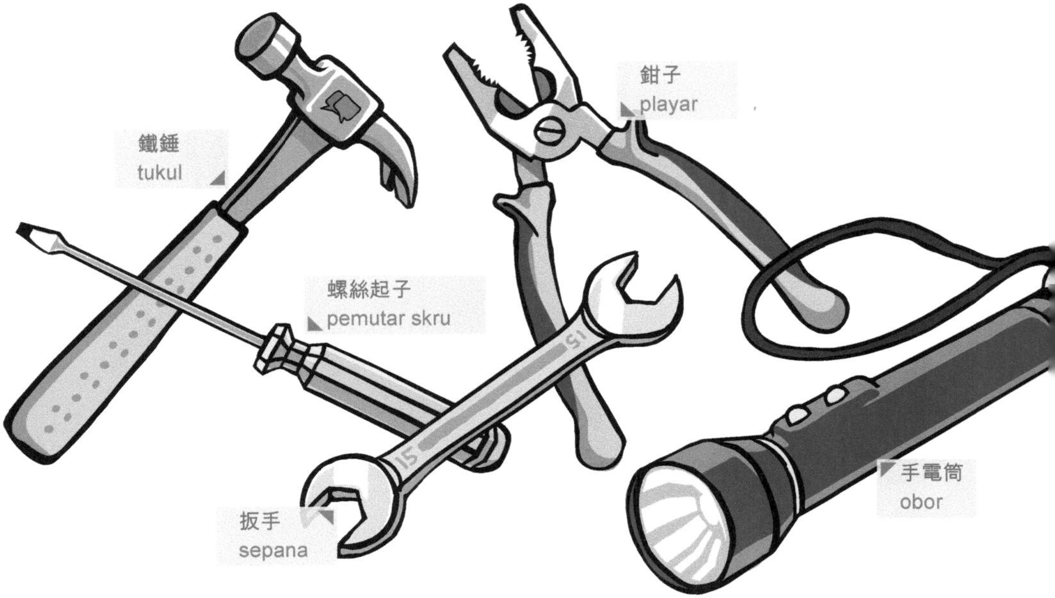

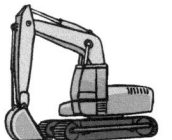

挖掘機

pengorek

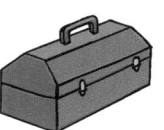

工具箱

kotak peralatan

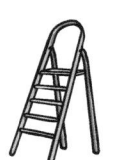

梯子

tangga

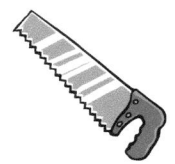

鋸子

gergaji

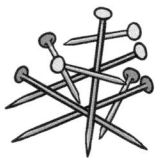

釘子

kuku

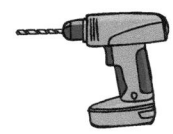

鑽機

gerudi

修
baiki

鏟子
penyodok

糟糕！
Celaka!

畚箕
penadah sampah

油漆桶
periuk cat

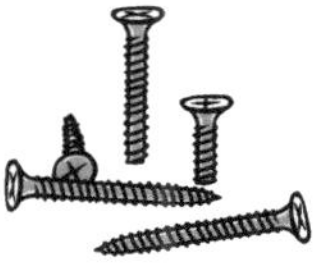

螺絲
skru

樂器
alat muzik

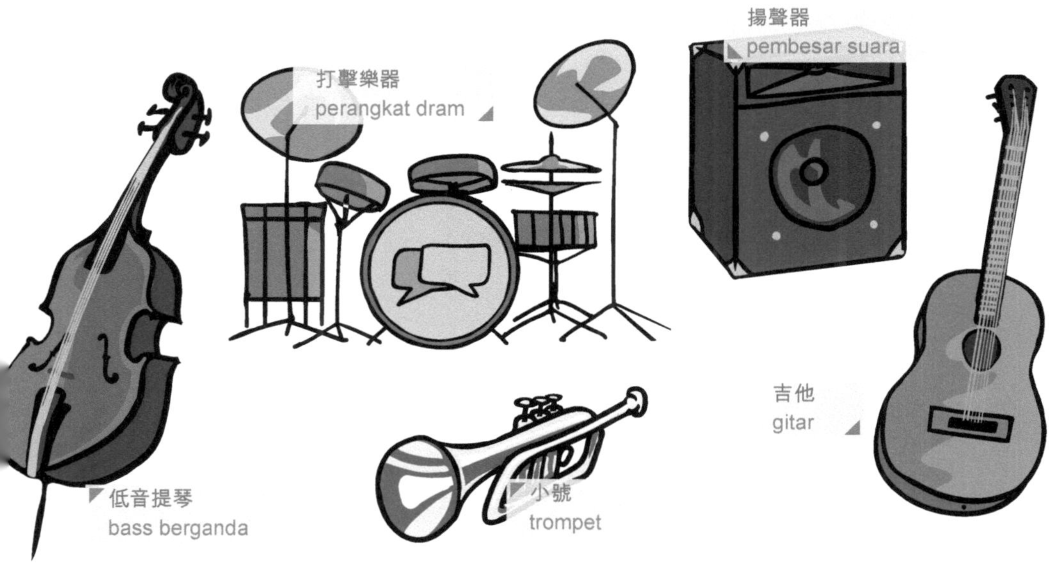

打擊樂器
perangkat dram

揚聲器
pembesar suara

低音提琴
bass berganda

小號
trompet

吉他
gitar

鋼琴

piano

小提琴

biola

貝斯

bass

定音鼓

timpani

鼓

dram

電子琴

papan kekunci

薩克斯風

saksofon

長笛

seruling

麥克風

mikrofon

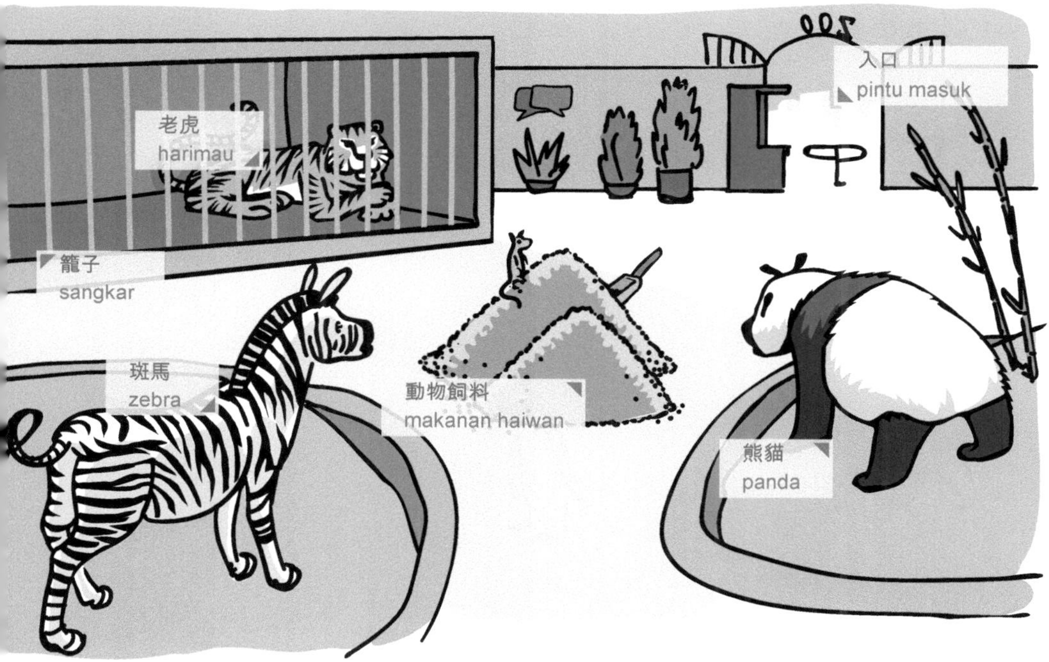

入口
pintu masuk

老虎
harimau

籠子
sangkar

斑馬
zebra

動物飼料
makanan haiwan

熊貓
panda

動物
haiwan

大象
gajah

袋鼠
kanggaru

犀牛
badak sumbu

大猩猩
gorila

熊
beruang

駱駝

unta

鴕鳥

burung unta

獅子

singa

猴子

monyet

紅鶴

flamingo

鸚鵡

nuri

北極熊

beruang kutub

企鵝

penguin

鯊魚

yu

孔雀

merak

蛇

ular

鱷魚

buaya

動物園管理員

penjaga zoo

海豹

anjing laut

美洲豹

jaguar

矮種馬
kuda

豹
harimau

河馬
badak air

長頸鹿
zirafah

老鷹
helang

野豬
babi jantan

魚
ikan

龜
penyu

海象
anjing laut

狐狸
musang

羚羊
rusa

橄欖球
bola sepak Amerika

騎腳踏車
berbasikal

網球
tenis

籃球
bola keranjang

游泳
renang

拳擊
tinju

冰球
hoki ais

美式足球
bola sepak

羽毛球
badminton

田徑
olahraga

手球
bola baling

滑雪
ski

馬球
polo

跳
lompat

擁抱
peluk

笑
ketawa

走路
berjalan

唱
menyanyi

做夢
mimpi

祈禱
berdoa

親吻
cium

書寫
tulis

畫
lukis

展示
tunjuk

推
tolak

給
beri

拿
ambil

活動 - aktiviti

63

有
ada

做
buat

當
ialah

站
berdiri

跑
lari

拉
tarik

丟
buang

摔倒
jatuh

躺
tipu

等待
tunggu

攜帶
bawa

坐
duduk

穿衣
pakai

睡覺
tidur

醒來
bangkit

看
lihat pada

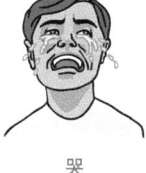

哭
menangis

擊
strok

梳頭
sikat

交談
cakap

明白
faham

問
tanya

聽
dengar

喝
minum

吃
makan

清理
mengemas

愛
sayang

做飯
masak

開車
pandu

飛
terbang

航行
belayar

計算
kira

讀
baca

學習
belajar

工作
kerja

結婚
nikah

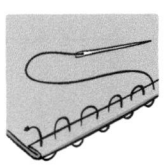

縫
jahit

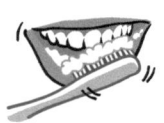

刷牙
memberus gigi

殺
bunuh

抽菸
asap

寄
hantar

祖母
nenek

祖父
datuk

父親
bapa

母親
ibu

嬰兒
bayi

女兒
anak perempuan

兒子
anak lelaki

客人

tetamu

阿姨

mak cik

叔叔

pak cik

兄弟

abang

姐妹

kakak

badan

前額
dahi

眼睛
mata

肩膀
bahu

手指
jari

臉
muka

下巴
dagu

手
tangan

乳房
dada

腿
kaki

手臂
lengan

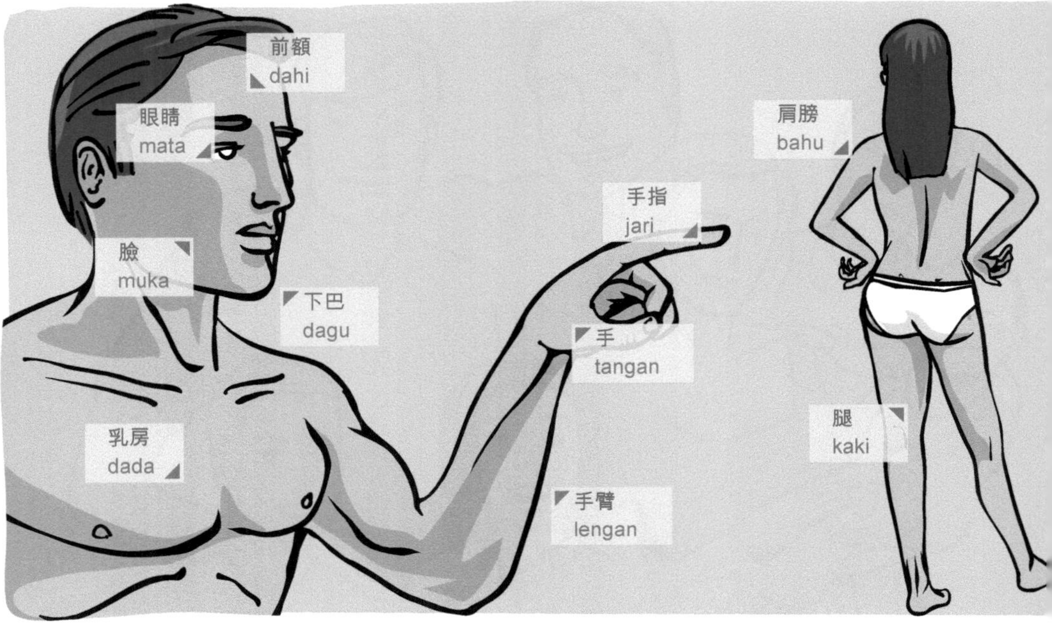

嬰兒

bayi

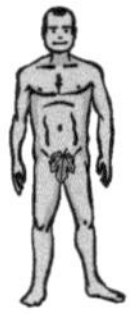

男人

lelaki

女人

wanita

女孩

perempuan

男孩

lelaki

頭

kepala

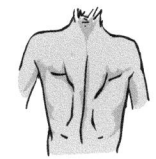

背部

belakang

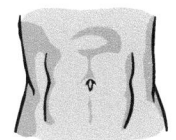

肚子

bawah perut

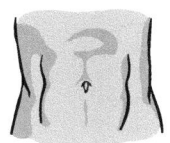

肚臍

pusat

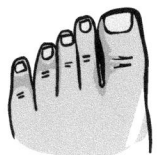

腳趾

jari kaki

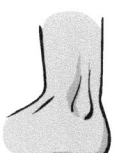

腳後跟

tumit

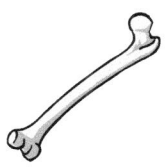

骨頭

tulang

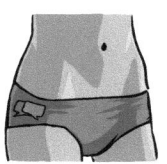

臀部

pinggul

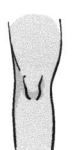

膝蓋

lutut

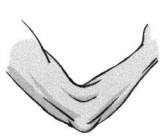

手肘

siku

鼻子

hidung

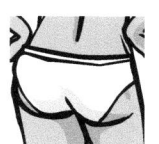

屁股

bawah

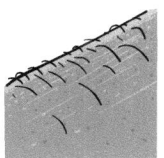

皮膚

kulit

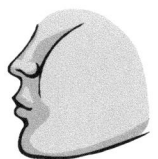

臉頰

pipi

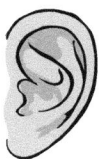

耳朵

telinga

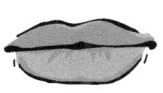

嘴唇

bibir

身體 - badan

嘴
mulut

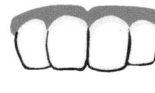

牙齒
gigi

舌頭
lidah

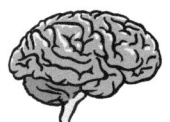

腦
otak

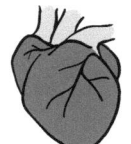

心臟
hati

肌肉
otot

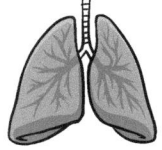

肺
paru-paru

肝臟
hati

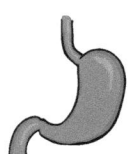

胃
perut

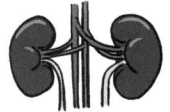

腎臟
buah pinggang

性交
seks

保險套
kondom

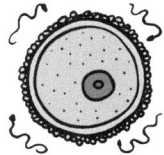

卵子
faraj

精子
mani

懷孕
mengandung

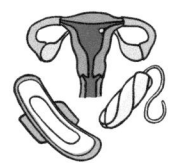

月事

haid

陰道

faraj

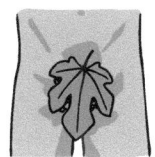

陰莖

penis

眉毛

kening

頭髮

rambut

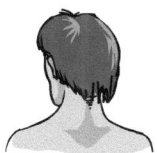

脖子

leher

醫院

hospital

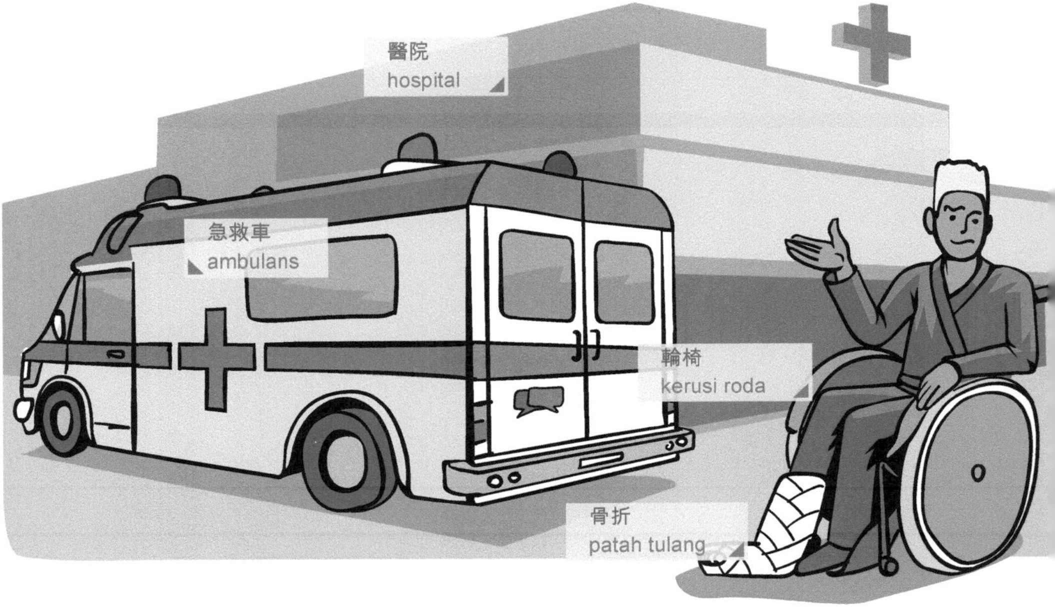

醫院
hospital
急救車
ambulans
輪椅
kerusi roda
骨折
patah tulang

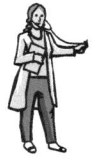

醫師

doktor

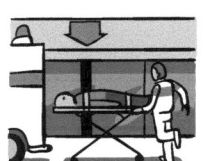

急診室

bilik kecemasan

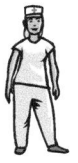

護理師

jururawat

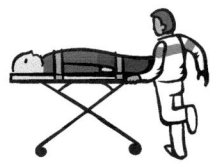

緊急情形

kecemasan

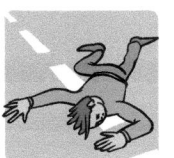

昏迷

tak sedar

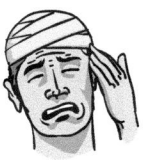

痛

sakit

受傷

kecederaan

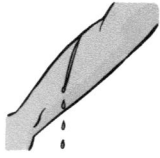

出血

pendarahan

心臟病發作

serangan jantung

中風

strok

過敏

alergi

咳嗽

batuk

發燒

demam

流感

selesema

腹瀉

cirit-birit

頭痛

sakit kepala

癌症

kanser

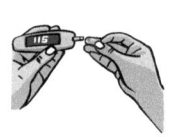

糖尿病

diabetes

外科醫師

pakar bedah

手術刀

pisau bedah

手術

pembedahan

電腦斷層掃描
CT

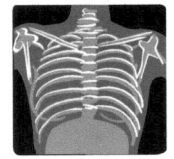

X光
x-ray

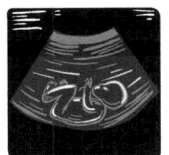

超音波
ultrabunyi

口罩
topeng muka

疾病
penyakit

候診室
bilik menunggu

拐杖
penongkat

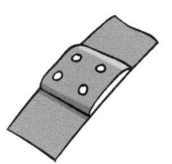

石膏
plaster

繃帶
pembalut

注射
suntikan

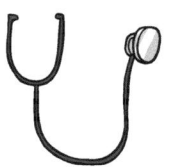

聽診器
stetoskop

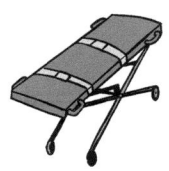

擔架
pengusung

體溫計
termometer klinik

出生
kelahiran

超重
berat badan berlebihan

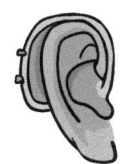

助聽器

alat pendengaran

消毒液

disinfektan

感染

jangkitan

病毒

virus

愛滋病

HIV / AIDS

藥物

perubatan

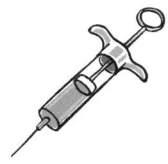

接種疫苗

vaksinasi

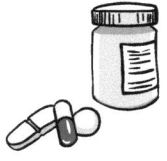

藥片

tablet

藥丸

pil

急救電話

panggilan kecemasan

血壓計

pantau tekanan darah

生病/健康

sakit / sihat

救命！
Tolong!

警報
penggera

突擊
serang

攻擊
serangan

危險
bahaya

緊急出口
pintu kecemasan

失火了！
Api!

滅火器
alat pemadam api

意外
kemalangan

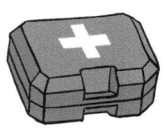

急救箱
alat pertolongan cemas

呼救訊號
SOS

員警
polis

歐洲

Eropah

北美洲

Amerika Utara

南美洲

Amerika Selatan

非洲

Afrika

亞洲

Asia

澳洲

Australia

大西洋

Atlantic

太平洋

Pasifik

印度洋

Lautan Hindi

南冰洋

Lautan Antartik

北冰洋

Lautan Artik

北極

Kutub utara

南極
Kutub Selatan

南極洲
Antartika

地球
bumi

陸地
tanah

海
laut

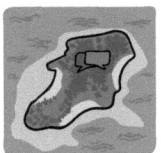

島
pulau

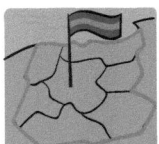

國家
negara

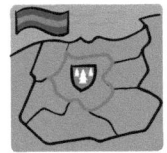

州
negeri

錶盤

muka jam

時針

tangan jam

分針

tangan minit

秒針

terpakai

現在幾點？

Jam berapa sekarang

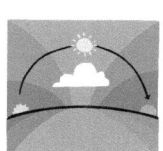

天

hari

時間

masa

現在

sekarang

電子錶

jam digital

分

minit

時

jam

週

minggu

週一 Isnin
週二 Selasa
週三 Rabu
週四 Khamis
週五 Jumaat
週六 Sabtu
週日 Ahad

昨天
semalam

今天
hari ini

明天
esok

早晨
pagi

中午
tengah hari

晚上
petang

工作日
hari kerja

週末
hari minggu

年

tahun

雨
hujan
彩虹
pelangi
風
angin
雪
salji
春
musim bunga
夏
musim panas
秋
musim luruh
冬
musim salji

4.APRIL 11°
5.APRIL 4°
6.APRIL 13°
7.APRIL 8°
8.APRIL 10°

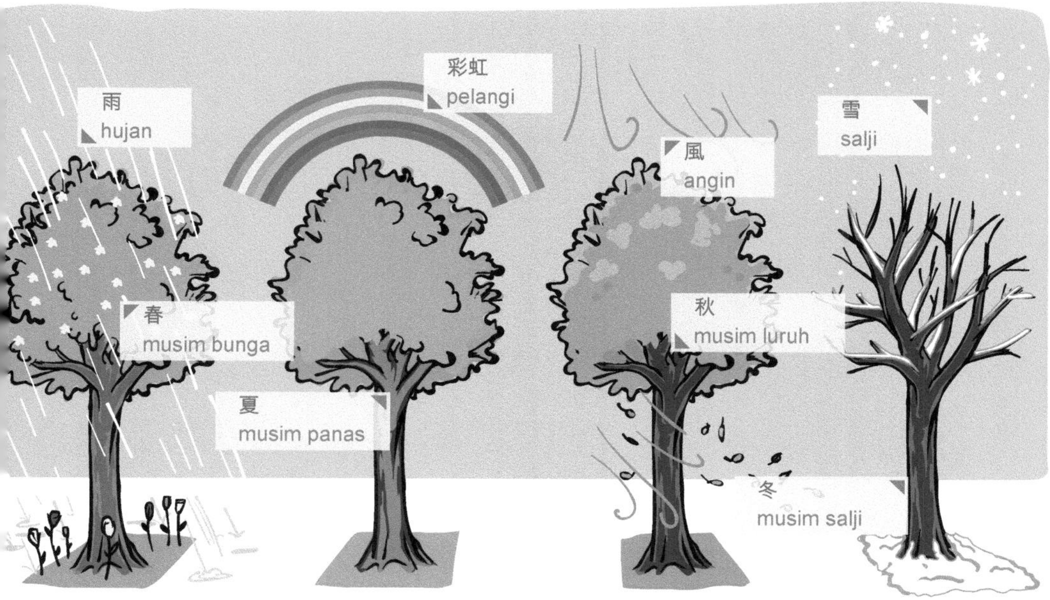

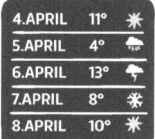

天氣預告

ramalan cuaca

F C
120 40
90 30
60 20
30 10
0 0
-30 -10
-20

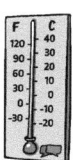

溫度計

termometer

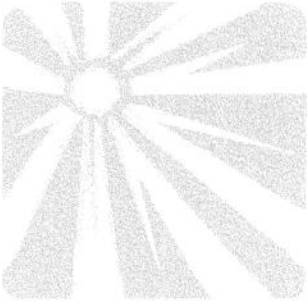

陽光

sinar matahari

雲

awan

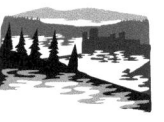

霧

kabus

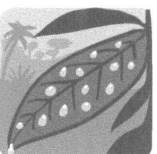

潮濕

lembapan

閃電

kilat

打雷

petir

風暴

ribut

冰雹

hujan batu

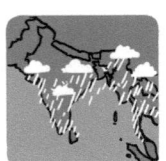

季風

monsun

洪水

banjir

冰

ais

一月

Januari

二月

Februari

三月

Mac

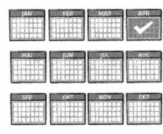

四月

April

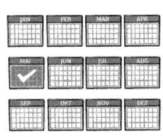

五月

Mei

六月

Jun

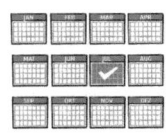

七月

Julai

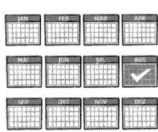

八月

Ogos

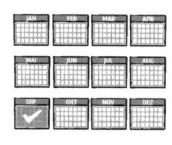

九月
....
September

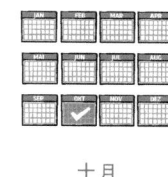

十月
....
Oktober

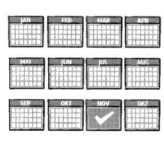

十一月
....
November

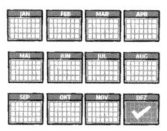

十二月
....
Disember

形狀
bentuk

圓形
....
bulatan

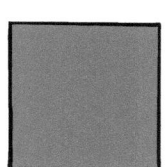

正方形
....
petak

長方形
....
segi empat tepat

三角形
....
segitiga

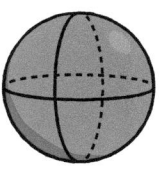

球體
....
sfera

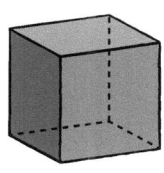

立方體
....
kiub

白

putih

黃

kuning

橙

oren

粉

merah jambu

紅

merah

紫

ungu

藍

biru

綠

hijau

棕

coklat

灰

kelabu

黑

hitam

很多/少許

banyak / sedikit

生氣/平靜

marah / tenang

美/醜

cantik / hodoh

首/尾

bermula / tamat

大/小

besar kecil

明/暗

terang / gelap

兄弟/姐妹

abang / kakak

乾淨/骯髒

bersih / kotor

完整/缺失

lengkap / tidak lengkap

白天/晚上

hari / malam

死/生

mati / hidup

寬/窄

luas / sempit

可食用/非食用

boleh dimakan / tidak boleh dimakan

邪惡/善良

jahat / baik

興奮/無聊

teruja / bosan

胖/瘦

gemuk / kurus

第一/最後

pertama / terakhir

朋友/敵人

kawan / musuh

滿/空

penuh / kosong

硬/軟

keras / lembut

重/輕

berat / ringan

餓/渴

lapar / dahaga

生病/健康

sakit / sihat

非法/合法

menyalahi undang-undang / undang-undang

聰明/愚笨

pintar / bodoh

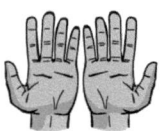

左/右

kiri / kanan

近/遠

dekat / jauh

新/舊

baru / lama

沒有/有些

tiada / sesuatu

老/幼

tua / muda

開/關

hidup / mati

打開/闔上

terbuka / tertutup

安靜/吵鬧

diam / bising

富/窮

kaya / miskin

對/錯

betul / salah

粗糙/光滑

kasar / halus

傷心/高興

sedih / gembira

短/長

pendek / panjang

慢/快

lambat / laju

濕/乾

basah / kering

溫暖/涼爽

panas / sejuk

戰爭/和平

berperang / berdamai

零
....
sifar

一
....
satu

二
....
dua

三
....
tiga

四
....
empat

五
....
lima

六
....
enam

七
....
tujuh

八
....
lapan

九
....
sembilan

十
....
sepuluh

十一
....
sebelas

12

十二
dua belas

13

十三
tiga belas

14

十四
empat belas

15

十五
lima belas

16

十六
enam belas

17

十七
tujuh belas

18

十八
lapan belas

19

十九
Sembilan belas

20

二十
dua puluh

100

百
ratus

1.000

千
ribu

1.000.000

百萬
juta

英語

Bahasa Inggeris

美式英語

Bahasa Inggeris Amerika

普通話

Bahasa Cina Mandarin

印地語

Bahasa Hindi

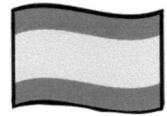

西班牙語

Bahasa Sepanyol

法語

Bahasa Perancis

阿拉伯語

Bahasa Arab

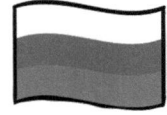

俄語

Bahasa Rusia

葡萄牙語

Bahasa Portugis

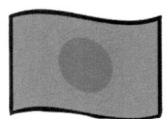

孟加拉語

Bahasa Benggali

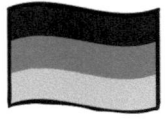

德語

Bahasa Jerman

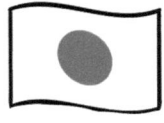

日語

Bahasa Jepun

我

saya

你

anda

他/她/它

dia / dia / ia

我們

kita

你們

anda

他們

mereka

誰？

siapa?

什麼？

apa?

如何？

bagaimana?

何處？

di mana?

何時？

bila?

名字

nama

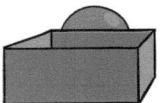

後面

belakang

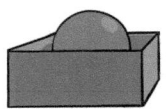

裡面

dalam

前面

di hadapan

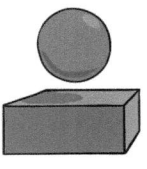

上方

lebih

上面

pada

下麵

di bawah

旁邊

bersebelahan

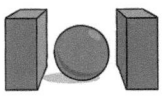

中間

antara

地點

tempat